TEORIA SIMPLIFICADA DA POSSE

"O livro é a porta que se abre para a realização do homem."

Jair Lot Vieira

Rudolf von Ihering

Professor Catedrático de Direito Romano
na Faculdade de Direito de Berlim no século XIX

TEORIA SIMPLIFICADA DA POSSE

Tradução de Pinto de Aguiar

3ª EDIÇÃO REVISTA

edipro

TEORIA SIMPLIFICADA DA POSSE

RUDOLF VON IHERING

3ª Edição 2009

Supervisão editorial: *Jair Lot Vieira e Mariana Lot Vieira*
Coordenação editorial: *Júlia Carolina de Lucca*
Produção gráfica e editorial: *Alexandre Rudyard Benevides ME*
Tradução: *Pinto de Aguiar*
Revisão: *Ricardo Virando e Luana da Costa Araújo Coelho (estagiária)*
Capa: *Rodrigo Ramos*

Nº de Catálogo: 1226

Dados de Catalogação na Fonte (CIP) Internacional
(Câmara Brasileira do Livro, SP, Brasil)

Ihering, Rudolf von, 1818-1892
Teoria simplificada da posse / Rudolf von Ihering : tradução de Pinto de Aguiar – Bauru, SP: EDIPRO, 3ª ed., 2008 (Clássicos Edipro).

ISBN 978-85-7283-610-4

98-2556 CDU-347.251

Índices para catálogo sistemático:
1. Posse : Direito Civil : 347.251

edipro
edições profissionais ltda.

São Paulo: Fone (11) 3107-4788 – Fax (11) 3107-0061
Bauru: Fone (14) 3234-4121 – Fax (14) 3234-4122
edipro@edipro.com.br

SUMÁRIO

Apresentação

A obra de Ihering, *Teoria Simplificada da Posse*, publicada pela primeira vez em 1868, ainda exerce influência sobre o Direito Civil moderno, notadamente no pátrio que principia o Livro III do Código Civil Brasileiro (*Do Direito das Coisas*) com a conceituação elaborada por Ihering:

> *"Art. 1.196. Considera-se possuidor todo aquele que tem de fato o exercício, pleno, ou não, de algum dos poderes inerentes à propriedade."*

Assim, diante da atualidade do tema, torna-se imprescindível ao estudioso do Direito Civil ter esta obra em sua biblioteca, bem como o conhecimento sobre a vida do autor.

Rudolf von Ihering nasceu aos 22 de agosto de 1818 em Aurich, no antigo reino de Hannover, Alemanha. Aluno de Savigny e Stahl, habilitou-se na Faculdade de Direito de Berlim em 1842 e logo já ocupou a cátedra de Direito Romano, quando contava com apenas 25 anos de idade.

Com uma brilhante carreira, foi grandemente estimado como professor e escritor, sendo considerado um dos maiores eruditos alemães de seu tempo. Em 1872 foi feito nobre pelo Imperador da Áustria. Faleceu aos 17 de setembro de 1892 em Gottingen, cidade localizada no território de sua pátria.

Ihering iniciou sua carreira de escritor em 1842 com a publicação das *Dissertationes de hereditate possidente*; no ano de 1844 publicou a obra *Abhanlungen aus dem romanischen Recht (Dissertações sobre o Direito Romano)*, seguindo-se, em 1847 *Sammlung von Rechtsfallen (Coleção de Casos de Direito)*. Entre 1852 e 1865 publicou sua mais conhecida obra: *O Espírito do Direito Romano*. Em 1872 publicou *Der Kampf um's Recht (A Luta pelo Direito)*,[1] sendo certo que essa obra em 1889 já estava na sua nona edição.

Grande conhecedor do Direito Romano, aos poucos voltou-se para o estudo do direito possessório, deixando diversas obras como: *Sobre o Fundamento da Proteção Possessória*, *A Vontade de Possuir* e *Estudos sobre a Teoria da Posse*, de onde se extraiu o presente trabalho.[2]

Ihering, em sua obra *O Espírito do Direito Romano*, publicada em cinco volumes entre 1852 e 1865, enfrentou a escola histórica abraçada por Savigny, Stahl e outros, quando abordou o estudo do Direito Romano afirmando que a universalidade do Direito o incompatibiliza

---

1. Publicada pela Edipro, com tradução de Edson Bini e prefácio de Clóvis Beviláqua.

2. Veja, *O Fundamento dos Interditos Possessórios*, incluindo *Sobre o Corpus Possessionis*, também de Ihering e "Exame Crítico da Teoria Possessória de Ihering – Teoria Objetiva e Teoria Subjetiva", de autoria de Joseph Duquesne, com tradução de Adherbal de Carvalho. Edipro. São Paulo/Bauru: 2007 (Clássicos Edipro)

com a sua nacionalização, coisa que até então ninguém havia abordado. Ihering conseguiu fazer renascer o estudo do Direito Romano colocando suas instituições como verdadeiros instrumentos destinados a atender as necessidades da coletividade.

Para Ihering, no mundo moderno os direitos se entrecruzam para formar um único tecido do qual são a primitiva trama o Direito Romano e o Direito Canônico. Apresentou, assim, o entrelaçamento das soluções jurídicas, sem preocupação com nacionalidade, apontando a jurisprudência dos tribunais como influência preponderante na mesquinhez dos direitos nacionais.

O autor afirmava que sucedeu com o Direito Romano o mesmo que se deu com a civilização grega, vez que só começou a exercer sua influência depois de haver desaparecido. E foi mais longe: vaticinou que chegaria o dia em que seria inútil o estudo do Direito Romano, pois após se ter **estado nele** (Direito Romano) e de se haver passado **através dele**, com o evolver do tempo, o Direito seria nacionalizado, desaparecendo, paulatinamente, a unidade da ciência jurídica que tanto colaborou para a sua aplicação e aceitação.

Já no seu trabalho *A Luta pelo Direito,* Ihering faz refletir o pensamento milenar de que somente a luta alcança e aperfeiçoa os objetivos do homem, tornando célebre sua frase "na luta é onde encontrarás o teu direito".

Com o *Fundamento da Proteção Possessória e O Direito de Posse,* Ihering abre crítica ferrenha a Savigny e Puchta sobre a teoria da posse, franqueando novos caminhos ao estudo e desenvolvimento da matéria.

Ihering considerava a posse como objeto de um direito e procurou demonstrar que ela é o que o nosso Direito Civil define como o exercício de alguns dos poderes inerentes à propriedade. Dessa forma, aquele que se encontra numa relação de dependência para com outrem não tem a posse, e a conserva em nome daquele e em cumprimento de suas ordens e instruções.

Demonstra Ihering que a posse é o poder de fato, e a propriedade o poder de direito sobre a coisa, nascendo daí a distinção entre esses dois institutos.

Os ensinamentos de Ihering estão implícitos na legislação contemporânea. Nosso Código Civil trata a posse e a propriedade em títulos distintos, obedecendo o preceituado pelo autor, além de outros conceitos.

Diante desses argumentos observa-se como indispensável o estudo da *Teoria Simplificada da Posse* para aqueles que desejam se aprofundar no estudo do Direito das Coisas, tema este atualíssimo e de suma importância prática.

Valéria Maria Sant'Anna

Bauru, janeiro de 1999

I

A Posse como Objeto de Direito

Um dos traços pelos quais o jurista se distingue de qualquer outro homem é a diferença que ele estabelece entre as noções de posse e de propriedade. Na linguagem comum, empregam-se freqüentemente estas expressões como equivalentes. Fala-se em manutenção, em reintegração da propriedade, naqueles casos em que, na linguagem do jurista, dever-se-ia falar de manutenção e reintegração de posse. Fala-se de grandes posses territoriais, de posses, de fundos, quando na realidade se trata de propriedade. E tal confusão vem desde os romanos, entre os quais também existia.

Na linguagem cotidiana, serviam-se eles da palavra *possessores*, para designar os proprietários de imóveis.

Por esta maneira de exprimir-se, pode-se inferir quão pequena é a diferença entre propriedade e posse, no que diz respeito à sua manifestação externa na vida. E na realidade, isto mesmo é o que acontece. Em geral, o possuidor da coisa é, ao mesmo tempo, seu proprietário; ordinariamente, o proprietário é o mesmo possuidor, e quando subsistir esta relação normal, é inútil estabelecer uma distinção. Mas, desde o momento em que a propriedade e a posse se separam, o contraste surge imediatamente, e com uma tal evidência, que não pode passar despercebido, nem mesmo àqueles que não são juristas. É claro, até mesmo para os espíritos mais simplórios, que a perda violenta ou clandestina de um coisa móvel não faz com que um proprietário perca a propriedade dessa coisa; e ainda que, em toda a sua vida, nunca tenha ouvido falar desta distinção entre proprietário e possuidor, ele sabe *de fato* definir as diferentes situações, de um e de outro, com uma exatidão perfeita, que não necessitaria aprender do jurista senão os termos técnicos para exprimi-la: a uma chama-se propriedade, a outra, posse.

Para negar a um o direito de guardar a coisa, e conceder a outro o direito de recuperá-la, foi preciso àquele que não é jurista compreender que a relação dessas duas pessoas, em relação à coisa, é inteiramente diversa; e não lhe seria então difícil expressar esta diferença com uma perfeita exatidão. *De fato*, dir-se-ia, a coisa encontra-se em poder de um – e daí a posse, diria o jurista; mas *de direito* continua pertencendo ao outro, como antes, – daí a propriedade, afirmaria ainda o jurista. E o conflito surgirá entre o não-proprietário que tem a posse, e o proprietário que não tem a posse.

O fato e o *direito:* tal é a antítese a que se reduz a distinção entre a posse e a propriedade.

A posse é o poder *de fato*, e a propriedade o poder de *direito*, sobre a coisa. Ambas podem encontrar-se reunidas no proprietário, como também estar separadas; e isto ocorre de duas maneiras: ou o proprietário transfere a outro a posse, reservando para si a propriedade, ou a posse da coisa lhe é tirada contra a sua vontade. No primeiro caso a posse é justa (*possessio justa)*, e o proprietário deve respeitá-la; no segundo caso, é injusta *(possessio injusta)*, e ele pode recuperá-la através de um pleito judiciário. Então, uma vez que lhe assiste esta faculdade, ele tem o *direito de posse*. Na sua pessoa, a posse não tem, como na do possuidor injusto, o caráter de uma relação de fato apenas, mas sim de uma relação jurídica: à posse do proprietário é implícito o direito de possuir *(jus possidendi)*.

A importância prática que esse direito representa para o proprietário é evidente. A utilização econômica da propriedade tem como condição a posse. Portanto, a propriedade sem posse seria um tesouro sem chave para abri-lo, uma árvore frutífera sem os meios necessários para a colheita dos seus frutos. A utilização econômica da propriedade consiste, de acordo com as diversas características das coisas, no *uti, frui, consumere*. O proprietário pode torná-la efetiva pessoalmente (*utilização imediata ou real)*, ou então por intermédio de terceiro *(utilização mediata ou jurídica)*, a quem a cede, ora em troca de dinheiro, (arrendamento, venda, permuta), ou gratuitamente (empréstimo, doação); nesta segunda categoria deve ser classificada a cláusula condicional do direito de vender sob a forma de hipoteca. Todos esses atos têm como condição essencial a posse. Quem não tem uma coisa, não pode consumi-la, nem usá-la, sem usufruir os seus frutos, e se a *conclusão* de convenções (obrigatórias) para a cessão do *uti, frui,* ou da propriedade a outras pessoas, não supõe a existência atual da posse, a *realização* dessas convenções, para *execução*, o exige. Segundo o Direito Romano, e também o Direito Moderno, o mesmo acontece quando da transmissão de propriedade, a qual não se pode efetuar sem a transmissão da posse.

Disso resulta que o proprietário, privado da posse, acha-se paralisado no que diz respeito à utilização econômica de sua propriedade. A posse, como tal, não tem valor econômico algum, e só o adquire porque torna possível esta mesma utilização econômica (de fato ou de direito) da coisa, ainda que se trate apenas da contemplação de um quadro. Se um quadro me fosse entregue, encerrado em uma caixa fechada, a sua posse não teria valor algum para mim. A posse sem um proveito possível seria a mais inútil das coisas do mundo; seu valor consiste unicamente na função indicada: *é um meio para alcançar um fim.*

Donde se conclui que tirar a posse é paralisar a propriedade, e que o direito a uma proteção jurídica contra um ato tal, é postulado absoluto da idéia de propriedade. Esta não pode existir sem tal proteção, donde se infere que não é necessário procurar outro fundamento para a proteção possessória; ela é íncita à propriedade em si mesma.

O Direito Romano, porém, deu ao direito que tem o proprietário de possuir uma extensão infinitamente mais ampla do que a que se supõe neste caso indicado, no qual não se percebe mais que a antítese da posse e da propriedade, reduzidas à sua expressão mais simples. O Direito Romano dá ao proprietário o meio de recuperar a posse de qualquer indivíduo em cujas mãos se encontre sua coisa, qualquer que haja sido a maneira como ele a tenha obtido.

Este meio, que consistia nos tempos mais recuados em um ato solene de recorrer à força privada, e que não levava a uma instância judiciária senão em caso de resistência, era o *reivindicatio*. Encerra o traço característico da noção romana de propriedade, comparada com o aspecto de que se reveste no direito dos outros povos.

Nela encontra-se, como em nenhuma outra parte, a idéia que os romanos tinham da importância da posse para a propriedade. Propriedade e direito à posse eram sinônimos. Para recuperar a posse, bastava ao proprietário provar a propriedade adstrita à sua posse por um dos modos de aquisição legalmente prescritos, e a existência da posse exercida pela pessoa do querelado. A propriedade e a posse medem-se aí, sem mistura de qualquer outro elemento; pode-se dizer, quase em toda a pureza de seu princípio; e daí a distinção entre esta luta pela posse e aquela outra disputa antes mencionada, onde concorre, além deste elemento puramente objetivo, na pessoa do querelado, o elemento da injustiça, subjetiva, que falta na outra. Em razão deste, o autor da injustiça subsiste como tal, mesmo quando cesse a posse. Para que a ação seja admissível, não é preciso que o querelado tenha em suas mãos a coisa, enquanto que na reivindicação, baseada unicamente no fato de estar outro na posse da coisa, supõe-se que a posse existe no *momento em que se intenta a ação*.

As explicações anteriores não indicam sequer a importância jurídica peculiar, atribuída pelo Direito Romano, e todas as legislações dele derivadas, à posse.

Consideramos a posse em sua relação com a propriedade, e podemos resumir o exposto nas seguintes conclusões:

a) A posse é indispensável ao proprietário para a utilização econômica da propriedade.

b) Disso resulta que a noção da propriedade implica necessariamente o direito do proprietário à posse.

c) Esse direito não poderia existir se o proprietário não estivesse protegido contra a perda injusta da posse. A proteção jurídica contra todos os atentados injustos à posse do proprietário, os quais consistem na sua perda ou perturbação, é um postulado absoluto da organização da propriedade.

d) O problema de saber, tal como acontecia no Direito Romano, se a proteção do direito do proprietário à posse deve ampliar-se até contra os terceiros possuidores é uma questão em aberto para o legislador, o qual pode decidir, e já decidiu muitas vezes, num e noutro sentido.

O Direito Romano tornou extensivo mais tarde a outros direitos, o de exigir a restituição da posse de terceiros. E também estendeu a *reivindicatio* (como *utilis vindicatio* ou *in rem actio)* a outras pessoas distintas do proprietário. Tais são, em primeiro lugar, as pessoas às quais o proprietário, mesmo sem despojar-se de sua propriedade, concedeu o direito de utilizar a coisa, ou para proporcionar-lhe o gozo econômico de propriedades edificadas ou de bens rurais *(superficie, enfiteusis,* uma e outra concedidas ou em caráter permanente ou a longo prazo), ou para garantir o pagamento de seus créditos (hipoteca com o direito de vender eventualmente a coisa, *pignus, hypoteca).* Além dessas pessoas, cuja posição jurídica é caracterizada pelo jurista atribuindo-lhe *jus in re,* a ação foi também concedida, de um modo mais restrito (*como actio publicana),* ao *bonae fidei possessor* ou possuidor de boa fé (proprietário putativo), isto é, aquele que, sem ser proprietário na realidade, tem, contudo, motivos suficientes e razões para acreditar-se tal, porque adquiriu a coisa de maneira regular e própria para assegurar-lhe a propriedade, porém cujo efeito não se tornou realidade, na sua pessoa, em conseqüência de obstáculos especiais, desconhecidos para ele. Inútil em uma nova disputa com o proprietário, com as pessoas identificadas a ele, a ação presta-lhe, antes que qualquer outra, o mesmo serviço que ao proprietário ou às referidas pessoas; devolve-lhe e põe em suas mãos a coisa perdida.

Todas estas relações referem-se à propriedade da qual os *jus in re* são ramificações, e a *bonae fidei possessio* um reflexo. Em todas reproduz-se a idéia fundamental de propriedade: o direito à restituição da coisa encontrada em mãos de outrem, a volta da posse àqueles que têm direito a ela, a invocação do *jus possidendi* contra aquele que não o tem.

A importância da posse consiste em ser o conteúdo do *jus possidendi*. A posse é o contéudo ou o objeto de um *direito*. Se não tivesse outra importância, teria, do ponto de vista do Direito, um interesse escasso porque todas as coisas como, por exemplo, andar a pé ou de carro, beber água, prestar serviços, podem também ser objetos de um direito.

Dentro de tal conceito, uma definição da posse não seria, para o jurista, mais necessária que a de todos esses atos, mas pode, desde já, perceber que a coisa não é tão fácil como parece.

A posse, efetivamente, deve ser considerada sob dois pontos de vista. Em primeiro lugar é a condição da origem de certos direitos, e, além disto, concede por si mesma a proteção necessária (*jus possessionis* por oposição aos *jus possidendi*); é portanto, a base de um direito.

II

A Posse como Condição da Origem de um Direito

A persistência da propriedade, uma vez adquirida, não fica ligada à posse. O proprietário conserva sua propriedade, mesmo depois de ter perdido a posse. Ora, sendo um princípio ser a propriedade independente da posse, não se compreende porque, podendo existir sem a posse, não poderá nascer também sem a posse, e porque, por conseqüência, uma simples convenção sem entrega da posse não há de bastar para transferir a propriedade. E, entretanto, o Direito Romano exige para este efeito o ato da tradição; e, apesar de suas numerosas derrogações, esta regra vem se mantendo até os dias atuais.

A idéia que inspirou este princípio salta aos olhos. Para que a propriedade surja deve ela manifestar-se em toda a sua realidade; e esta realidade é precisamente a posse, que é indispensável para a plena realização dos fins da propriedade. Esta não surge sem a posse, senão na aquisição a título de herança ou legado. Entre vivos, a posse é indispensável para que se chegue à propriedade.

A aquisição da propriedade das coisas sem dono *(occupatio)* tem também como condição a apropriação da posse, e o mesmo acontece com a aquisição da propriedade dos frutos por parte do colono *(fructus perceptio)*.

Em todos os casos, a posse tem importância tão só como um *ponto de transição momentânea* para a propriedade. Se a sua perda ocorre imediatamente depois, não implica o menor ataque à propriedade, uma vez efetivada esta. O que acontece é que não é somente a posse que engendra a propriedade; é preciso, além disto, que para tanto concorram as outras condições exigidas pelo Direito.

Se a posse não tem, nesses casos, mais que um mero valor de *ponto de transição momentânea* para a propriedade, e não é considerada senão como ato, existe um outro processo de aquisição da propriedade, no qual toma o aspecto de um *estado* de transição, de uma *situação* duradoura. Queremos referir-nos à usucapião. Aqui, tampouco basta a simples posse como tal; é preciso que para esta concorram certas condições (que em conjunto formam a *conditio usucapiendi)*, aquelas mesmas às quais se refere a proteção jurídica do *bonae fidei possessor* contra os terceiros, a que nos referimos atrás. A prescrição revela de novo a estreita correlação que existe entre a posse e a propriedade. A posse aparece uma vez mais como o caminho que leva à propriedade; somente, neste caso, por lhe faltarem as condições que existem no outro, o caminho é mais longo.

Na teoria da posse, a doutrina não trata daqueles casos em que a posse aparece como condição de aquisição de propriedade. Esses são deixados, com razão, como atinentes ao campo da teoria da propriedade. A posse, efetivamente, é aqui tão somente uma das múltiplas condições das quais depende o nascimento do Direito, e que não deveriam ser estudadas neste lugar, senão no caso em que não houvesse outra ocasião para se tratar do assunto. E esta, o Direito Romano a oferece, uma vez que, nele, a posse recebeu o aspecto e o valor de uma instituição jurídica independente.

III
A Posse como Fundamento de um Direito

O possuidor, nesta qualidade, está protegido contra toda lesão (turbação ou perda) de sua relação possessória. Isto basta para caracterizar o lugar que a posse ocupa no Direito, como instituição autônoma. A idéia fundamental de toda teoria possessória é o *jus possessionis*, isto é, o direito do possuidor de prevalecer-se de sua relação possessória, até que depare com alguém que o despoje, pela prova de seu *jus possidendi* e sem que ele mesmo precise provar o seu *jus possidendi*. É de indagar-se então, com surpresa, o que pode ter levado os romanos a conceder a proteção jurídica a este puro fato, que não pode alegar em seu favor senão esta sua mesma natureza de *fato*. A questão ocupou muito os nossos juristas, e as opiniões continuam discordantes. A resposta só pode ser encontrada na forma que o Direito Romano deu a esta proteção da posse.

Procurarei resumi-la em linhas gerais.

O conhecimento exato da forma dada à proteção possessória no processo romano não apresenta interesse algum para as pessoas estranhas ao campo do Direito. Basta dizer que ela consistia em uma ordem *(interdictum)* emanada do pretor a pedido de uma parte e dirigida a outra, ordem que não tinha poder contra esta última, senão quando existiam as condições às quais se achava subordinada. Em todas as ordens pretórias desta espécie, o magistrado que as determinava não investigava se existiam ou não tais condições. Isto era objeto de instrução posterior pelo juiz, as quais não se verificavam senão no caso em que se não tivesse dado cumprimento à ordem. Esta não era, pois, absoluta; era expedida sob a reserva de que as condições a que se subordinava deviam estar resolvidas. Esta forma, utilizada pelo pretor para um grande número de relações, tinha uma aplicação muito especial na posse. Tais eram as *interdicta possessoria*, que os romanos classificavam em três espécies. Para decidir o demandado, cominavam-se-lhe penas severas, no caso de perda do feito, podendo garantir-se que sempre que o direito do autor era incontestável a ordem lograva seu objetivo.

Não se chegava, comumente, a uma ação posterior, senão quando a relação possessória era duvidosa; e, neste caso, se o querelante a perdia, a pena recaia sobre ele. Podia, pois, custar bem caro intentar ou manter levianamente uma ação possessória.

Mas, perguntará o leigo em matéria de Direito, como podia haver dúvida e discussão a respeito de qual dos dois possuía a coisa, uma vez que a posse pode ser comprovada à primeira vista? É nisto que surge a teoria possessória peculiar ao Direito Romano, a qual exige uma qualificação especial para que a posse participe de proteção jurídica, e que, como conseqüência, distinga duas espécies de posse: a posse *juridicamente protegida* e a posse *juridicamente desprovida de proteção.* Em nossa linguagem atual, a primeira chama-se *posse jurídica-civil* (os romanos chamavam-na simplesmente *possessio*, ou *possidere ad interdictae*, por oposição ao *possidere ad usucapionem, do bonae fidei possessor).* A segunda, em nossa linguagem atual, tem o nome de *posse natural* ou *posse-detenção.* Os romanos servem-se para este caso de várias expressões, que, não têm interesse para as pessoas leigas em assuntos jurídicos, dentre as quais me limitarei a citar a *possessio naturalis e a detentio,* por serem elas a origem das expressões modernas. A posse viciosa (*vitiosa possessio)* ocupava o lugar intermediário entre estas duas posses; expressava a relação do possuidor *injusto (possessor injustus)* em contraposição ao *justo (justus).* Aquele que se encontrava nessa situação em relação ao possuidor anterior – e citarei como exemplo principal o caso de perda violenta de posse – encontrava proteção plena contra qualquer outra pessoa, e assumia, em relação a esta, a posição de possuidor; mas em face do possuidor justo, não obtinha proteção jurídica, pouco importando que a ação possessória fosse intentada por ele ou pela parte contrária; não tinha em face deste, o justo possuidor, uma situação diferente do simples *detentor.*

O vício da posse (*vitium possessionis)* tinha apenas uma importância relativa. Sem influência em relação a todas as outras pessoas, seus efeitos ficavam restritos à relação existente entre o possuidor justo e o injusto. O primeiro tinha em face do segundo o direito de fazer justiça por suas próprias mãos, da mesma maneira que em face do detentor que possuísse a coisa em seu nome (ver Capítulo IV); podia, com a sua própria autoridade, apenas recobrar a posse, não podendo porém usar da violência armada (*vis armata* em contraposição à violência permitida: *vis simplex* ou *quotidiana)*. Se deparava com uma resistência, pedia autorização da justiça, a qual lhe era concedida por uma das três espécies de interditos possessórios, a saber; pelos *interdicta RETINENDAE possessionis,* cuja idéia fundamental era que o verdadeiro possuidor tinha o direito de fazer justiça pelas suas próprias mãos, e que reclamava a defesa da autoridade ao encontrar resistência (*vim fieri veto)*. Muito ao contrário de proibir o uso de violência em matéria possessória, segundo já se sustentava, continuam eles a dar a autorização oficial para fazer uso dela. Enlaçam-se estritamente com a antiga idéia romana de que o detentor de direitos pode fazê-los valer por sua própria autoridade, e que não deve solicitar auxílio da autoridade senão quando se lhe oponha uma resistência, caso em que o adversário que a ele se oponha seria castigado com uma pena. O ponto de vista moderno, o nosso, segundo o qual todo indivíduo que tem um direito contra outro deve, antes de tudo, seguir as vias legais, era inteiramente desconhecido dos romanos das épocas remotas. Com exceção de certas relações especiais, que em razão de seu caráter duvidoso deviam ser submetidas ao juiz, e nas quais a presença deste era indicada como uma peculiaridade do processo que devia ser seguido (*legis actio per judicis postulationem)*, o romano estava convencido da legitimidade da justiça privada. E isto é demonstrado, com uma incontestável evidência, pelo fato de, nas três formas mais importantes do processo antigo, a realização do ato de justiça privada nas formas prescritas pela lei ser a condição prévia do início do feito judicial. Estas formas tinham tirado mesmo suas denominações desse fato (*legis actio per vindicationem, per manus injectionem, per pignoris capionem)*.

A proteção possessória relaciona-se igualmente com esta antiga idéia romana. Não é mais proibido, nem mesmo ao possuidor natural, o mero detentor, manter-se na posse da coisa usando da violência, salvo uma restrição relativa, que mencionarei mais adiante, a propósito da detenção, que era não poder usar deste meio em face daquele que tinha a posse. Isto é apenas a conseqüência do princípio geral de que a violência pode ser repelida pela violência (*vim vi repellere licet)* em sua aplicação especial à relação possessória. Mas é preciso distinguir cuidadosamente o emprego da violência como meio de *defender* pessoalmente a posse para manter a relação *existente* do emprego da violência com o objetivo de *fazer justiça por suas próprias mãos,* como por exemplo, para *recuperar* a posse perdida de fato. Este último é privilégio do possuidor de direito.

Somente este pode vencer por meio do direito destinado a assegurá-la. Se o possuidor natural o intentar, será repelido. É preciso que haja em seu lugar aquele em nome de quem possui. Do mesmo modo, o *injustus possessor* é repelido quando age contra o *justus possessor*, porque, do ponto de vista de suas relações recíprocas, não é ao primeiro, e sim ao segundo, que cabe o direito de justiça privada.

IV

Relações Possessórias Não Protegidas

As coisas sobre as quais não pode haver um direito de propriedade não podem também ser objeto de posse no sentido jurídico, sendo necessário aplicar regra idêntica àqueles que não podem ser proprietários (em Roma, neste caso, estavam os escravos e os filhos de família). *Onde não pode haver propriedade, objetiva ou subjetivamente, tampouco pode haver posse.* A posse e a propriedade andam de mãos dadas; a falta de capacidade, na pessoa ou na coisa, para gerar uma relação de propriedade, implica falta idêntica a respeito da posse.

A essa razão de inexistência de posse, que, atualmente, não tem importância, acrescenta-se uma outra, infinitamente mais importante, e que conservou todo o seu valor. Em certos casos, nos quais o proprietário transferiu, por contrato, a coisa a outra pessoa, com a reserva da devolução posterior, ou mesmo sem condições – casos que engloba sob a denominação de relações de *posse derivada* – o Direito Romano concede a posse a certos detentores temporários (como, por exemplo, o enfiteuta ou o colono hereditário) e nega a outros (como por exemplo, ao colono ou arrendatário comum). A recusa da posse, nesses casos, é um fato que pode causar-nos não pequena surpresa. Aquele que arrebatou a posse de uma coisa, como, *verbi gratia,* o ladrão, o bandido, e aquele que conseguiu pela violência a posse de um imóvel, obtêm a proteção jurídica; enquanto que aquele que a ela chegou de um maneira justa não tem esta proteção: está, no que diz respeito à relação possessória, destituído de todo e qualquer direito, não só quanto a terceiros, como em face daquele para com o qual ele se obrigou a devolver a coisa no termo do arrendamento ou locação. Se a reclamam antes do prazo desse contrato, tem de devolvê-la, pois, se assim não proceder, torna-se o réu de uma ação de reintegração de posse que lhe pode custar caro. Sem dúvida que lhe assiste o direito de intentar uma ação para *cumprimento do contrato* e exigir perdas e danos, mas tem que restituir a coisa sem qualquer oposição. Os juristas romanos explicam esta situação dizendo que o colono possui pelo proprietário, em seu nome (*alieno nomine possidere),* que não tem posse própria, e sim, o mero exercício da posse de um outro. Tal consideração se impõe, do ponto de vista daquilo que se chama a *construção jurídica*, mas de nenhuma maneira explica o aspecto real das coisas. Para chegar a este resultado, a teoria romanista seguiu o caminho das deduções lógicas. Para existir posse, diz, é preciso haver na pessoa do possuidor a mesma vontade que há na do proprietário (*animus domini).*

Essa vontade existe no proprietário real, e também no putativo, e no suposto, isto é, naquele que, desprezando a propriedade, apoderou-se da coisa de outro, tal como o ladrão, o bandido, e, no que tange a imóveis, o *dejiciens.* Em compensação, não existe naquele cuja posse deriva do proprietário, e que, por isto mesmo, reconhece que a outro pertence a propriedade. Em relação à posse, desempenha simplesmente o papel de um representante, que deseja possuir a coisa, não para si, mas para o proprietário. Vê-se facilmente de que maneira é violentada, neste caso, a noção de representação, porque, na realidade, o colono não tem intenção de possuir a coisa para aquele que lhe arrendou, e sim para si mesmo. A concepção de representação em matéria possessória não é exata senão quando se recebe uma coisa no exclusivo interesse daquele que a deu, por exemplo, para que a guardasse (*depositum*), para entregá-la a outro (mandato), nas relações domésticas entre patrão e empregado, naqueles casos que, penso, se podem reunir sob denominação de posse *por procurador*. O fato de se negar, nessas situações, a proteção possessória àquele que possui a coisa, contra o dono da posse, é um resultado invencível da dependência necessária do representante, em relação ao seu senhor ou dono; o sistema contrário conceder-lhe-ia uma independência que não se coadunaria facilmente com o fim da relação. Mas nos casos em que a coisa é dada àquele que a possui por si mesmo – o que eu classifico de posse *interessada* – a idéia de repressão não tem aplicação. Devemos mencionar aqui uma disposição do Direito Romano, que não pode ser deduzida por um processo de ilação jurídica, e que, bem ao contrário, deve ser justificada por razões de ordem prática. Acrescente-se a isto que, em muitos casos de posse interessada, o Direito Romano concede a posse, ao invés da simples detenção que resultaria da teoria do *animus domini*, e então teremos, deste modo, a prova de que não se aceitou, ou se partiu, do ponto de vista atribuído pela teoria.

Na realidade, as considerações de ordem prática são as que influíram para fazer inclinar-se a balança.

Expusemo-las de um modo mais minucioso em um livro sobre a *Vontade da Posse* (*Besitzwillen*, Iena, 1889. Ns. XVI – XVII). Nas relações entre arrendante e arrendatário ou colono, a falta de proteção possessória a este devia dar ao proprietário a possibilidade de despojá-lo a qualquer tempo da coisa, e isto para atender a um duplo interesse: em primeiro lugar para que aquele pudesse aproveitar a oportunidade de uma oferta de compra que surgisse durante o prazo do contrato, e em segundo lugar para que ele se pudesse livrar a qualquer momento de um colono incapaz, ou de um inquilino desagradável ou rixoso.

A falta de proteção possessória não priva, contudo, o mero detentor, de todo direito. Além do direito de manter-se, por si mesmo, na posse, o qual não lhe é negado, o Direito Romano concede-lhe, para atender aos atentados contra sua posse (turbação ou perda), várias ações; somente não são ações possessórias, propriamente ditas. Disso se conclui que a posse tem uma natureza especial, que explicaremos.

V

O MOTIVO LEGISLATIVO DA PROTEÇÃO POSSESSÓRIA

Se é estranho que o Direito Romano negue a proteção possessória ao inquilino e ao colono, não o é menos que a conceda ao possuidor injusto. Por que isso? Savigny, cuja opinião pode considerar-se, atualmente, como a dominante, responde: no interesse da paz e da ordem pública. Esta consideração de *polícia* – chamemo-la assim – parece ser de uma evidência notória; mas não se harmoniza com o aspecto de que se reveste a proteção possessória no Direito Romano. De acordo com esse motivo, o possuidor natural e as pessoas incapazes de possuir deveriam ter também o direito de serem protegidos, porque é inteiramente indiferente que se procure a paz e a ordem pública em sua pessoa ou na do possuidor jurídico.

Outros disseram também que a posse se protege em relação à pessoa ou ao bem, em atenção à vontade da pessoa. Lesar ou atentar contra uma relação possessória, na qual se realizou e de certo modo se incorporou à personalidade (ou vontade), é lesar ou atentar contra esta mesma pessoa. Ferir uma relação possessória é ferir a própria personalidade. O mesmo pode ser respondido a esta consideração. Pode-se aceitar tal argumento como exato do ponto de vista da Filosofia do Direito, ou da legislação, mas não se harmoniza com o Direito Romano, pois de acordo com ele os detentores e os filhos da família deveriam reclamar, com idêntico direito, a proteção possessória, porque, afinal, são pessoas capazes de atos de vontade, tanto quanto o possuidor jurídico.

Somente de uma maneira pode ser explicado este aspecto da proteção possessória no Direito Romano: é afirmando que ela foi instituída com o objetivo de *facilitar e aliviar* a proteção da propriedade. Ao invés da prova da *propriedade,* que o proprietário deve fazer quando reclamar uma coisa em mãos de terceiros (*reivindicatio)*, bastará exibir a prova de *posse*, em relação àquele que dela o privou.

Poderá, de acordo com isso, a posse representar a propriedade? Sim, porque é a propriedade em seu estado normal – a posse é a *exterioridade,* a *visibilidade* da propriedade. Falando estatisticamente, essa exterioridade coincide com a propriedade real na infinita maioria dos casos. Em geral, o possuidor é simultaneamente o proprietário; os casos em que isto não acontece são uma ínfima minoria. Podemos, pois, designar o possuidor como *proprietário presuntivo,* e compreende-se muito bem, por um lado, que o Direito Romano tenha declarado esta presunção de propriedade – esta a *prima facie* – como diz o Direito inglês – suficiente contra o querelado quando se trata apenas de repelir os ataques contra a propriedade; e por outro lado, que, quando a coisa se encontra em mãos de terceiros, e o querelado tem a seu favor a presunção da propriedade, tenha exigido que tal presunção não possa ser destituída senão pela prova de propriedade.

A ação possessória mostra-nos a propriedade na *defensiva*, e a reivindicação na *ofensiva*. Exigir da defensiva a prova da propriedade seria proclamar que todo indivíduo que não está em condições de provar a sua propriedade – o que, em muitos casos, é impossível, e mesmo na maioria deles, quando se trata de móveis – está fora da lei, e que, qualquer um pode arrebatar-lhe sua propriedade.

A proteção possessória aparece assim como um *complemento indispensável* da propriedade. O direito de propriedade sem ação possessória seria a mais imperfeita coisa do mundo, enquanto que a falta da reivindicação apenas a afetaria, considerando-se a questão apenas pelos seus aspectos práticos. Nosso direito atual colocou-a fora de uso em grande número de casos. A organização de propriedade, de fato, não repousa tanto no direito de propriedade e na ação reivindicatória, como na segurança da posse, a qual na verdade, fundamenta-se menos na ação possessória do direito privado do que nas penalidades do direito criminal. O ponto de vista que acabamos de expor, interpretando a proteção possessória como uma facilidade para proteger a propriedade, exprime perfeitamente a concepção romana relativa à significação da posse. Isto resulta do próprio princípio antes formulado: onde a propriedade não é possível, tampouco o é a posse; pois, de outro modo, esse princípio não teria sentido. Ele somente é explicável tomando-se a posse como uma exteriorização da propriedade, que o direito deve proteger. Onde não se pode conceber juridicamente a propriedade, não se pode falar de presunção de propriedade, que constitui a base da presunção possessória. Não creio ser necessário reproduzir todas as outras razões por mim expostas em apoio desta opinião, com mais minúcias e detalhes, em outra obra (*Grund des Besitzchutzes,* Iena, 1869).

Se, para conseguir proteção como possuidor, basta provar-se a posse, esse princípio favorece tanto o proprietário como o não-proprietário. A proteção possessória, criada para o proprietário, beneficia desse modo a uma pessoa para a qual não foi instituída.

Essa conseqüência é absolutamente inevitável.

O direito deve aceitá-la, apesar de tudo, para alcançar seu objetivo de facilitar as provas da propriedade. Para evitar este efeito seria necessário abrir o debate quanto à questão de direito, que deveria ocorrer na ação possessória. O caráter essencial desta é que a questão de direito fique anulada para as partes. Nenhuma delas tem a necessidade, para obter a facilidade de prova instituída em atenção ao proprietário, de alegar ou provar o seu direito; e mais ainda: não seria ouvida se o alegasse. Assim o querelado não pode contestar o querelante com a alegação de ser proprietário ou deter um direito de obrigação sobre a coisa (*exceptiones petitorias)*, e o querelante não pode suprir as lacunas da prova de sua posse com a afirmação de seu direito de propriedade. Neste sentido, mas somente nele, é que os juristas romanos dizem: a propriedade e a posse nada têm de comum e não podem ser confundidas.

Na diferença entre o petitório e o possessório (*petitorium judicium e interdicta possessoria)* baseia-se a aplicação rigorosa desta regra. Neste trata-se apenas da questão da *posse*; naquele trata-se exclusivamente da questão de *direito*; donde se compreende, falando na linguagem da prática, que a decisão sobre o possessório não prejulga a do petitório; isto é, que a parte vencida no primeiro pode triunfar no segundo e vice-versa. Deste modo é possível que o não-proprietário tenha ganho de causa no feito contra o proprietário. O instrumento legal criado para este é usado em seu detrimento. Mas nem por isso o proprietário fica desprotegido, uma vez que a reivindicação proporciona-lhe os meios de pôr termo em qualquer momento à posse, protegida provisoriamente, do seu adversário. Estes efeitos, que ultrapassam o objetivo legal das instituições jurídicas, são – deve-se reconhecê-lo – incorreções que o legislador deve aceitar sem remédio; é como a chuva que molha igualmente aqueles que dela precisam e aqueles que não a desejam. Tais defeitos inquinam mais de uma instituição, sobretudo aquelas que têm como finalidade facilitar a prova. Citarei, como exemplo, os títulos ao portador e os certificados. Introduzidos para favorecer o interessado, para facilitar-lhe a prova do seu direito, protegem de idêntica maneira aqueles que os obtiveram de um modo injusto. Quando se trata de semelhante falsidade de provas, é preciso escolher entre deixar que aqueles que não têm direito se aproveitem das medidas criadas para os que o têm, ou para excluir aqueles desta proteção, despojar estes da inapreciável vantagem que é a utilização de uma prova fácil. Os casos da primeira categoria são tão poucos em comparação com os outros, que não devem ser levados em conta. Assim, a concessão da proteção possessória aos que não têm direito, quando a finalidade legislativa é favorecer os que o têm, é pois uma *conseqüência* não desejada, mas inevitável.

A teoria dominante sobre a posse transforma completamente a relação, invertendo-lhe as faces e os termos. De acordo com ela, a proteção possessória não foi criada para o proprietário como tal e sim para o possuidor nesta qualidade. Isto implica a necessidade de justificá-la dentro deste ponto de vista. Vimos quão pouco comportam as considerações que se fazem a respeito (ordem pública, personalidade, vontade) com o aspecto sob qual o Direito Romano encarou a proteção possessória, único ponto que importa no momento. A proteção possessória do Direito Romano não pode ser compreendida senão do ponto de vista da propriedade, e correlacionando-a com a segurança necessária à propriedade. A especiosa objeção que se fez contra o fato de confundir posse e propriedade é fácil de destruir uma vez que se tenha presente que esta identidade diz respeito apenas à *aplicação judicial,* que eu mesmo acabo de justificar, e de modo algum à correlação das duas instituições, da qual nem sequer se ocupam. O desenvolvimento histórico da proteção possessória, bem como a organização dogmática da teoria possessória pelos juristas romanos são suficientes para demonstrar, com toda a clareza desejável, a existência desta relação legislativa entre a propriedade e a posse.

Nossa análise da proteção possessória tornou assente, pois, a existência da relação íntima da posse com a propriedade, que encontramos desde o princípio, e que, por fim, encontraremos ao examinarmos mais tarde a questão da existência concreta da posse.

Resumindo a nossa exposição, são as seguintes as conclusões:

1º) A posse constitui a condição de *fato* da utilização econômica da propriedade.

2º) Deste modo, o direito de possuir é um *elemento indispensável* da propriedade.

3º) A posse é a porta que dá acesso à propriedade.

4º) A proteção possessória apresenta-se como *posição defensiva* do proprietário, escudado na qual ele pode repelir mais facilmente os ataques dirigidos contra a sua esfera excluída.

5º) Por conseqüência, ela é negada onde a propriedade é juridicamente excluída.

Em toda a parte, pois, reproduz-se a relação entre a posse e a propriedade.

VI
A POSSE É UM DIREITO

A questão de saber se a posse é um direito ou um fato é assunto de uma controvérsia até agora não resolvida pela ciência jurídica. A opinião dominante sustenta que ela é um fato, e deve-se reconhecer que, aparentemente, a razão está do seu lado. A posse nasce puramente do fato, sem pressupor um direito. Como pois há de ser um direito? O possuidor que não tem outra qualidade senão a de possuidor sucumbe na luta com o proprietário reivindicante; e isto prova que a posse não é mais que puro fato, o qual desaparece onde o direito surge. Na realidade, entretanto, isto não demonstra que a posse não seja um direito, e sim que constitui um direito de um tipo peculiar, diferente por sua natureza de todos os outros. Para aplicar a uma relação jurídica uma distinção teórica de caráter geral é preciso, antes de mais nada, determiná-la com precisão. Pois bem: isto é precisamente o que não se fez, em relação à distinção entre o direito e o fato, por todos aqueles que trataram do assunto. Um jurista já falecido, Büchel, escreveu uma longa monografia a respeito, na qual não existe uma só palavra sobre esta questão prévia, tão decisiva. E, realmente, para quê? Esta distinção fundamental deve ser clara para todo jurisconsulto. Deveria sê-lo certamente; mas vimos há pouco, que não o é. A doutrina antiga não fez a mínima tentativa para fixar cientificamente a noção de direito no sentido subjetivo. O que se encontra nos velhos tratados é apenas uma paráfrase da expressão: direito, em termo médio de equivalentes, sobre a qual me referi em meu *Espírito do Direito Romano,* tomo IV. A nova doutrina reportou-se à antiga, na solução desta questão por tanto tempo relegada; mas, por uma fatalidade que persegue a posse, tal doutrina que, segundo sua definição de direito, deveria reconhecer-lhe a natureza jurídica, negou-a.

Para julgar se a posse é um direito, ou um fato, apoio-me na definição de direito, que expus em outro livro, detalhadamente[3] – os direitos são os interesses juridicamente protegidos – definição que foi objeto de contestações. Se a reproduzo aqui, é não só para colocar o público, ao qual esta obra se destina, em condições de formar um idéia de natureza jurídica da *posse,* mas também porque acredito que, precisamente, minha noção do direito pode revestir-se de um valor essencial para o economista.

As objeções que foram feitas à minha definição não são fundadas. Não é verdade que, para definir o direito, me sirvo da própria noção que procuro definir. Sem dúvida a palavra *direito* está representada na expressão "juridicamente protegidos", mas com uma significação muito diversa. No primeiro caso significa o direito em sentido *subjetivo*, e no segundo, em sentido *objetivo*, o que são noções totalmente distintas. Ponha-se em lugar de "*juridicamente* protegidos", "*legalmente* protegidos", e tudo

3. *Obra citada*, LV, §§ 70 e 71.

ficará em ordem. Se me vali da primeira palavra, é porque a lei não é a única fonte de direito no sentido objetivo; é necessário lembrar o direito consuetudinário, que não pode ser incluído na expressão "*legalmente* protegidos".

Acreditou-se que poderia ser criticado o elemento de interesse (que eu ponho como elemento *substancial,* ao elemento *formal* da proteção do direito), dizendo que, de acordo com as circunstâncias, um direito pode não ter interesse algum para o portador do direito, e entretanto estar protegido com o direito.

Este é o raciocínio, por exemplo, da crítica recentemente feita por Kuntze.[4] Essa crítica fundamenta-se numa confusão que não me pode ser atribuída, pois indiquei bastante a diferença.[5] É preciso que a leitura do meu livro tenha sido feita muito por alto para me atribuírem uma opinião contra a qual me mostrei tão prevenido e cauteloso. Na minha definição, referia-me ao interesse *abstrato,* que é decisivo para o legislador na elaboração de todos os tipos jurídicos, sem exceção. Afirmei, expressamente, que a intensidade deste interesse varia de acordo com os horizontes dos interesses de determinado povo e de determinada época; que a questão de saber se certos interesses são dignos de proteção, e se dela têm necessidade, modifica-se com a evolução das apreciações do povo. Certos interesses aos quais é negada proteção, em uma fase inferior de civilização, tiveram-na à medida que a civilização progredia, enquanto que outros perderam-na.

A questão de saber se em um caso particular existe o interesse que o legislador julga digno de ser protegido, e

4. *Zur Besitzlehre,* Für und wider Rudolf von Ihering, Leipzig, 1980, p. 77 e segts.

5. *Obra citada*, pp. 343 e 345, importância do interesse em *Tesis* e em *Hipótesis.*

que, na sua opinião, precisa sê-lo (*interesse concreto*), não tem importância alguma para a tese geral; a prova dos fatos, aos quais a lei liga o *nascimento* do direito, basta, sem que o querelante deva assinalar o interesse que tem em fazer valer seu direito, nem que o querelado possa prevalecer-se, para sua defesa, de falta deste interesse. Um cego pode intentar um feito baseado numa "servidão de vista"; um homem sem qualquer dignidade pode iniciar uma ação de injúria; o comodante pode pedir a restituição de um livro emprestado por um certo período, mesmo que o comodatário tenha o maior interesse em conservá-lo por mais algum tempo, e aquele não tenha talvez o menor interesse de tê-lo. A célebre decisão de Ciro que, a despeito do direito de propriedade, julgava a questão dos mantos, adjudicando o maior ao mais alto, e o menor ao mais baixo, está em flagrante contradição com os mais incontestáveis princípios superiores de direito. O *direito é, de fato, absolutamente independente da questão do interesse.* Somente em certos casos não é assim: nas obrigações interessadas, como as denomino, como por exemplo: o mandato. Nesses casos é preciso a prova de um interesse *concreto*, para que um juiz tenha meio de avaliação; e mesmo em certas demandas *obrigatórias* de outra espécie, esse direito pode ser invocado acessoriamente, e chegar a ser, assim, objeto de prova. Além disso, em alguns casos normativamente enumerados na lei, a falta de interesse opõe-se ao exercício de certas faculdades. A noção de *argúcia* e de *sutileza legal* tem aí o seu fundamento; é o exercício *sem interesse* e com fim exclusivo de prejudicar a outrem, em faculdade que, consideradas em si mesmas, são juridicamente fundamentadas. Só é proibido quando a lei o faz expressamente, e, por paradoxal que pareça, é nisto que consiste a segurança da ordem jurídica. Ela estaria sacrificada se, em princípio, os direitos para serem respeitados, na justiça, dependessem da prova do interesse da pessoa do demandado, ou se fosse permitida à parte contrária apenas contestar e provar a falta de interesse.

Partindo-se do princípio de que os direitos são os interesses juridicamente protegidos, não pode haver dúvida de que é necessário reconhecer à posse o caráter de direito. Expusemos, linhas atrás, o interesse que a posse implica; constitui a condição da utilização econômica da coisa. Pouco importa que a utilização resulte assim possível para o que tem e para o que não tem o direito; a posse apresenta interesse apenas como uma pura relação de fato; é a chave que abre o tesouro, e que é tão preciosa para o ladrão como para o proprietário. A esse elemento substancial de toda a noção jurídica, o direito junta na posse um elemento formal: a proteção jurídica, e assim apresentam-se todas as condições jurídicas de um direito. Se a posse, como tal, não estivesse *protegida*, não constituiria, na verdade, senão uma pura relação de fato sobre a coisa; mas a partir do momento em que é protegida, reveste-se do caráter de *relação jurídica*, o que eqüivale a um *direito*.

Windscheid quis fugir ao imperativo desta conclusão, dizendo: a posse engendra muitas "conseqüências jurídicas", mas isto não constitui um direito: ou então dever-se-ia qualificar também como direitos as convenções e os testamentos.[6] Confunde ele, nesse caso, o *fato gerador* do direito com o seu *efeito*. Um fato não é um direito; a aquisição da posse vale, a esse respeito, tanto quanto o fechamento de um contrato ou a confecção de um testamento. Mas quando, como nos três casos citados, a lei concede a um fato conseqüências jurídicas favorá-

6. *Pandectas*, I, § 150.

veis a uma determinada pessoa, que coloca em situação de poder garanti-las por meio de ação judicial, provoca então, precisamente, a produção daquelas condições legais a que denominamos *direito*. Ao fato da celebração do contrato, a lei acresce a *conseqüência jurídica* pela qual o credor pode exigir do devedor a observância contratual; ao fato da *assinatura* do testamento, liga a *conseqüência jurídica* segundo a qual o herdeiro pode reclamar de terceiros a restituição dos bens da sucessão, e dos devedores a esta, o pagamento das suas dívidas; ao fato do surgimento da posse, anexa à *conseqüência jurídica* de poder o possuidor exigir de terceiros respeitarem esta situação possessória. Nos dois primeiros casos denominamos direito de credor ou direito de sucessão a esta conseqüência jurídica. Que motivo há, pois, para negar idêntica denominação ao terceiro caso? Se negarmos o "direito de posse" somente porque ele é o resultado de um fato, então é preciso negar também o direito de credor e o direito de sucessão, porque a relação entre o fato gerador do direito e a consequência jurídica é exatamente a mesma; e, com efeito, não há um só *direito* que não pressuponha um *fato* gerador de direitos. Todos os direitos surgem sem exceção como conseqüências juridicamente protegidas em favor daqueles a quem elas aproveitam. Concederei facilmente o privilégio de afirmar que a posse não é um direito àquele que conseguir destruir esta definição; pois se não o fizer, tem que admitir a natureza jurídica da posse.

Sem dúvida, um fato pode também engendrar conseqüências jurídicas que não constituam direitos; isto ocorre, por exemplo, com os fatos de *extinção* (a *derelicta*, a entrega, pagamento), e com os fatos *modificativos* de direito (a *mora, a culpa, o dolo*, nas relações contratuais). Mas sempre que os fatos engendram conseqüências que a lei ga-rante ao interessado por meio de uma ação especial, destinada exclusivamente a este fim, classificamo-los (como geradores de direito) sob a denominação de *direitos.*

Na maioria dos direitos, a confusão do fato gerador com o próprio direito está excluída pela diversidade mesma dos nomes que lhes são dados pela linguagem; por exemplo, o contrato e o crédito, o testamento e o direito de suceder. Mas no idioma dos romanos existiam também expressões com dois significados, como *nexum, obligatio,* e este é precisamente o caso da posse. Do mesmo modo que ao *nexum* e à *obligatio*, como ato (fato gerador de direito) ligava-se e referia-se o direito do credor (conseqüência jurídica), designado por nome idêntico à posse, como *estado de fato,* liga-se e refere-se a posse como *direito*.

Os juristas romanos tiveram plena consciência desse duplo aspecto da posse. No primeiro sentido, distinguem a posse como *causa facti,* ou, por meio de expressões análogas, por exemplo, *corporis facti est*; no segundo designam-na como *jus possessionis,* sendo portanto difícil entender como foi possível empregar expressões da primeira categoria para sustentar que a posse, segundo os juristas romanos, não é um direito. Esta afirmativa está desmentida pelo reconhecimento formal da posse como direito, e existe tão pouca contradição entre essas duas expressões que, bem ao contrário, salientam o reconhecimento exato, por parte dos juristas romanos, da natureza jurídica da posse. Na posse, a relação entre o fato gerador e o direito é tão particular, que, exceto num caso único, que mencionaremos imediatamente, não é encontrada em qualquer outra parte.

Em todos os outros direitos, – e podem citar-se a título de exemplo, como principais, a propriedade e a obrigação, – o direito separa-se desde o instante de seu surgimento, do fato que lhe deu origem, como por exemplo, da tradição, da ocupação, do contrato, do delito; o fato transforma-se imediatamente em passado, somente persistindo as conseqüências. Na posse, ao contrário, a manutenção da relação de fato é a condição necessária para o direito à proteção: o possuidor não tem um *direito*, senão *quando e enquanto* o possui. Em outras palavras: em todos os outros direitos o fato é a condição *transitória* do direito; na posse é a condição *permanente*.

E daí nasce a diferença da prova. Naqueles ela se produz no passado; neste, no presente; naqueles prova apenas o surgimento do direito, ao qual se refere como condição necessária, sua existência; neste é preciso provar a *existência* do direito, e por isso não basta provar que a posse surgiu em tal ou qual momento, porque disso não se poderia concluir que ela *existia* naquele momento preciso em que ela foi lesada.

Dessa maneira é que o fato e o direito se completam na posse: o direito nasce com o fato e desaparece com ele; não existe senão quando e enquanto existir o fato. O mesmo acontece com o direito da personalidade, que compartilha da sorte da posse, pois certos juristas pretenderam, tal como tão equivocadamente fizeram com esta, negar-lhe o caráter de um direito.

Assim como a posse se encontra ligada à existência do estado de fato destinado a protegê-la, também o direito de personalidade está ligado à existência da pessoa;

nasce e morre com ela; neste caso, direito e fato concordam completamente.

Não se teria chegado a desconhecer a natureza jurídica da posse se não se tivessem mostrado irreconciliáveis com ela os dois fatos jurídicos que mencionarei em seguida. O primeiro é que mesmo o possuidor injusto é protegido. Como poderá, entretanto, a injustiça criar direito? Que enorme contradição! A espoliação por violência é proibida, e entretanto tem como conseqüência um direito! Pois fenômeno idêntico apresenta-se na questão de propriedade. Aquele que de um produto existente faz uma coisa nova, como por exemplo, o sapateiro que usa o couro para fazer sapatos, o alfaiate que emprega a fazenda para fazer roupas, torna-se proprietário desta coisa mesmo quando aquela matéria-prima não lhe pertença. Do mesmo modo, segundo a teoria romana sobre o direito de caça, aquele que caçava em terreno alheio, contra a vontade do proprietário, também passava a ser dono da caça. E nesses casos também o simples *fato* engendra o direito. A lei não pretendeu, de modo algum, dar sua aprovação a estes fatos, e deixar livre o campo para que uns e outros exercitem-se no que dissemos; suas disposições partem da idéia de que os terceiros não sofreram com a injustiça do ato; as conseqüências prejudiciais atingem exclusivamente as pessoas culpadas, e isto se obtém por meio de ação pessoal dirigida contra elas. Reconhece-lhes a propriedade, não por elas mesmas, mas no interesse da segurança das transações, tendo como objeto a propriedade. Esta é uma das mais fecundas criações do Direito Romano que, aliás, se reproduz numa porção de outros tipos de relações, nas quais a aquisição da propriedade, pela pessoa do *adquirente,* pode ser atacada sem que o vício que inquina essa aquisição atinja a propriedade. Esta passa pura e intacta das mãos do adquirente atual para a corrente das relações: o princípio vicioso que a atacava em seu poder permanece nele mas toma a forma de uma ação pessoal. Quem não compreende bem esta concepção do Direito Romano não poderá entender o aspecto da propriedade romana, nem a proteção possessória; surpreender-se-á tanto ao ver que se concede o direito de propriedade ao proprietário injusto (exposto à ação de rescisão), como ao assistir a proteção possessória ser concedida ao possuidor injusto. Deve-se, entretanto, ter em mente que se concede a propriedade a esse, não por ele mesmo, mas tendo em vista *os terceiros*, que dele adquiriram a coisa, e que também a proteção possessória é concedida ao possuidor injusto, não por ele, mas em atenção ao *proprietário*. O fim almejado pela lei não poderia ser alcançado se fosse negada a propriedade ao adquirente injusto e a proteção possessória ao possuidor injusto.

A comparação com a propriedade proporciona-nos também uma arma para repelir a segunda objeção feita contra a natureza jurídica da posse. A posse, dizem, desaparece na luta contra a propriedade, isto é, na reivindicação; não pode, pois, constituir um direito. Se esta conclusão fosse justa, a propriedade tampouco seria um direito porque neste mesmo caso desaparece por sua vez como resultado da ação pessoal da rescisão, e existe até outro caso em que a propriedade, neste caráter, pode extinguir-se diretamente pela declaração de outra pessoa, isto é, por uma reserva condicional de revocação (condição resolutória) adicionada à transmissão.

A noção de direito nada sofre com a circunstância de outra pessoa poder, em qualquer momento, ocasionar a resolução do mesmo. O credor hipotecário pode sempre pôr termo à propriedade do devedor pela venda da coisa; o devedor por sua vez pode extinguir a qualquer momento o direito do credor, com o pagamento da dívida. O mesmo acontece com a posse em sua relação com a propriedade. Enquanto a pessoa que tem o direito de revogação dele não usa, o proprietário, o credor hipotecário, o possuidor, devem ser considerados como no gozo pleno de seus direitos. A circunstância de que a posse, como tal, não dá direito, mas tão somente a *possibilidade de fato* de usar a coisa, não implica o desconhecimento de sua natureza jurídica. Do exposto resulta apenas que é um direito bem pouco extenso; mas, os interesses mais íntimos podem revestir o aspecto de direito, uma vez que não sejam da categoria daqueles aos quais a lei nega proteção jurídica. Ora, a questão do interesse jurídico da posse foi elevada pela lei a um ponto que a colocou fora de toda discussão, pelo simples fato de lhe haver concedido a proteção jurídica. Desse modo, a posse foi reconhecida como um interesse que exige a proteção e é digno de obtê-la; e todo interesse que a lei protege deve receber do jurista o nome de *direito*, considerando-se como *instituição jurídica* o conjunto de princípios que a ela se referem. A posse, como relação de pessoa e coisa, é um direito; como parte do sistema jurídico, é uma *instituição de direito*.

VII

POSIÇÃO DA POSSE NO SISTEMA JURÍDICO

Depois do que afirmamos linhas atrás, é fácil presumir esta posição. A posse aparece como uma relação *imediata* da pessoa com a coisa; pertence pois ao direito das coisas. Não existe um acordo sobre se deve ser colocada antes ou depois da propriedade. Dado o seu fim legislativo, como expus, e não enxergando nela senão um complemento da proteção da propriedade, deve ser considerada após esta, porque é preciso expor a insuficiência da propriedade para que se compreenda a necessidade da proteção possessória. A propriedade é o eixo de todo o direito das coisas. Relaciono com ela, em primeiro lugar, duas instituições que designo como *instituições paralelas,* porque, como a propriedade, abarcam extensivamente a coisa *inteira,* mas com uma intensidade menor; podem ser denominadas, a rigor, como *instituições de socorro* da propriedade, tendo-se em conta a importante facilidade da prova que proporciona ao proprietário. São elas: a proteção possessória e a propriedade putativa *(bonae fidei possessio)*. Com estas relacionam-se logo os chamados direitos *reais* sobre a coisa de *outrem*, isto é, os direitos revestidos de proteção absoluta *(jura in re aliena)*, que compreendem a coisa não por *inteiro*, mas tão somente em certas direções, e que por esse motivo denomino de desmembramentos da propriedade.

VIII

Surgimento e Extinção da Posse (Existência Concreta) - Condição da Vontade

A simples proximidade local (no espaço) da pessoa em relação à coisa não cria a posse; é preciso para isto a *vontade (animus)* que estabelece um laço entre elas. A aquisição da posse, segundo a teoria dos juristas romanos, não pode ser obtida senão mediante um ato especial da vontade da pessoa, *orientada neste sentido (ato de apreensão);* apenas no caso das pessoas incapazes de vontade (menores, loucos) é suficiente o ato do tutor. O Direito Romano não conhecia a aquisição da posse *ipso jure,* nem mesmo em caso de sucessão. O herdeiro deve começar por adquirir a posse, enquanto que adquire a propriedade pelo simples fato da herança.

De acordo com a teoria dominante, esta vontade deve tentar possuir a coisa como se fora uma coisa própria *(animus domini)*. Na falta de uma vontade semelhante, existirá então aquilo que, em certos casos, segundo parece, se deve entender como posse, não no sentido jurídico, mas no sentido natural (detenção, mera apropriação). Esta doutrina é falsa; a verdadeira explicação da diferença reside não na natureza particular da vontade de possuir, a qual nunca se orienta senão para a apreensão da coisa, e sim na disposição legal que, segundo a diversidade da relação *(causa possessionis)*, faz surgir ora a posse, ora a simples detenção. A mera *declaração* de vontade não é bastante, de acordo com o Direito Romano, para fazer com que se adquira a posse; é preciso a manifestação real da vontade: *adpiscimur possessionem*, diz um jurista romano, CORPORE ET ANIMO, *neque per se animo* (simples declaração de vontade) *neque per se corpore* (mera proximidade no espaço). Assim, os juristas romanos não admitem que tenhamos a posse das coisas caídas em nosso poder, nem as que nele são depositadas, nem ainda as esquecidas em nossa casa; o possuidor anterior que vem, pois, buscá-las, não comete uma espoliação em relação a nós.

Mas a vontade pode preceder a apropriação corporal; por exemplo, na aquisição da posse da caça ou da pesca que cai em nossas armadilhas, laços, anzóis ou redes, assim como as coisas que pedimos, e que durante nossa ausência foram deixadas em nossa casa, ou caíram em nosso poder; nesses casos há, segundo a terminologia moderna, aquisição da posse por *custódia*. O mesmo ocorre na aquisição da posse por intermédio do representante. Em todos esses casos não é preciso o ato de apreensão pessoal pelo possuidor, porque a relação de fato existe e a vontade foi manifestada com antecipação.

IX

A Apropriação Corporal das Coisas

Designa-se hoje com o nome de *corpus* a relação exterior da pessoa com a coisa, criada pela apreensão. Os juristas romanos, ao contrário, serviam-se desta expressão apenas para designar a manifestação da vontade no ato de apreensão. O *corpus*, segundo a teoria dominante, é o poder *físico,* com a supremacia de *fato* sobre a coisa. Esta é a noção fundamental de acordo com a teoria atual. Ela é absolutamente errônea, como se pode ver da minha obra já citada sobre o *Fundamento da Proteção Possessória.* Se os romanos se houvessem deixado guiar por ela, teriam que admitir a posse dos filhos de família, porque precisamente em relação a eles criou-se a expressão técnica para designar o poder, *potestas;* e teriam que reconhecer no bandido a posse sobre o homem livre que aprisionara com objetivo de obter um resgate, porque este se encontra, sem dúvida alguma, em seu poder. Mas nada disso fizeram, e sabiam muito bem porque; não se pode ser proprietário de filhos nem de pessoas livres; e onde não é possível haver propriedade, não pode haver posse. Por quê? Porque a posse não é o poder físico, e sim a exteriorização da propriedade.

Este ponto de vista, decisivo para os casos em que é preciso contestar a existência da posse, não o é menos naqueles em que é preciso admiti-la. Indague-se como o proprietário costuma proceder com as suas coisas, e saber-se-á quando se deve admitir ou contestar a posse. A aptidão do proprietário varia de acordo com a diversidade das coisas. Por motivos que é desnecessário expor, tem a sua casa e nela conserva a maioria das coisas que são móveis, coisas que se podem ocultar. Mas certas coisas não podem ser guardadas desta maneira; seu destino econômico exige que estejam à vista: a erva, o feno, a palha nos campos, a madeira cortada nos bosques, a turfa, o carvão nas minas, as pedras na pedreira, os materiais de construção na obra. A esta categoria pertencem também os animais domésticos que vão e vêm em liberdade, o gado nos pastos, e, entre os romanos, os escravos. Em todos esses casos, não existe poder físico sobre a coisa: a segurança do possuidor não se baseia em se acharem em situação de excluir a ação de pessoas estranhas (Savigny), mas em proibir a lei esta ação: apóia-se, pois, não num obstáculo *físico,* e sim em um *jurídico.*

Essa diferença reproduz-se também nas coisas imóveis. Umas estão defendidas por obstáculos mecânicos (muros, cercas, etc.), como casas, jardins, terrenos para edificar, etc. Outras estão *livres* e *franqueadas,* acessíveis à ação de terceiros como à do possuidor. Sustentar que existe um poder físico sobre as coisas, no possuidor, é afirmar um absurdo tão diametralmente oposto àquela idéia que temos da expressão "poder", que não me parece necessário refutá-la.

Por que a posse se protege com o direito? Não é certamente para dar ao possuidor a elevada satisfação de ter o poder físico sobre a coisa, mas para tornar possível o *uso econômico* da mesma em relação às suas necessidades. Partindo-se disso, tudo se torna claro. Não se guardam em móveis, em casa, os materiais de construção, não se depositam em pleno campo, dinheiro, objetos preciosos, etc. Cada qual sabe o que deve fazer com essas coisas, segundo a sua diversidade, *e este aspecto normal da relação do proprietário com a coisa constitui* a posse.

Esta é a noção que orientou os romanos, embora não a haja expressado em parte alguma, nem em suas regras sobre a aquisição e extinção da posse, nem em suas decisões judiciárias. Para os que são alheios ao Direito, a exposição destas regras e a prova de que estão de acordo com a noção indicada, não teriam interesse algum; mas é necessário, contudo, que eu demonstre, em dois pontos, a verdade, e ao mesmo tempo o valor da mesma. Antes de mais nada, convém esclarecer a vantagem que apresenta a noção que acabo de dar sobre o poder físico. Para certas coisas, o ponto de vista do poder físico é perfeitamente exato para aquelas cuja posse deve se manter guardada, protegida, trancada, e para as quais este modo de conservação constitui o aspecto normal da relação. Estas coisas são as que se podem *guardar e defender*. Porém, se este ponto de vista é verdadeiro, esta conduta não é ditada pela própria coisa em si mesma, mas porque este modo de possuir constitui para elas a obrigada forma econômica de sua relação com a pessoa. O poder físico e a utilização econômica correspondem-se inteiramente neste caso. Não foi a este aspecto da relação que a noção de posse se referiu originariamente, como é fácil perceber da própria etimologia da palavra posse (*possidere, de sedere*). O aspecto visível da relação (*CORPORALIS possessio*, ou também *NATURALIS pos-*

sessio na linguagem romana) é que serviu aqui, como nos demais casos, de ponto de partida para a linguagem. O processo do pensamento jurídico tirou da posse, de modo cada vez mais acentuado, *este possidere,* um *civiliter possidere* com o mesmo sentido, sem que, porém, os juristas romanos cuidassem de adaptar a forma *doutrinária* da noção da posse, ao progresso de seu aspecto *real.* A doutrina romanista não avançou um passo; limitou-se a conservar a noção material originária. Seus esforços para conciliar esta com o desenvolvimento real da posse no direito novo, assemelha-se à tentativa de fazer entrar o corpo de um homem adulto nas roupas que usara quando menino; é claro que estas se romperiam por todos os lados. Para não o enxergar, só existe um meio: fechar os olhos; e isto a teoria romanista o fez com um cuidado tão especial que de acordo com ela, existe um poder físico sobre a coisa, em casos nos quais um homem com ambos os olhos bem abertos não pode descobrir nem o mais leve vestígio disto. O erro cometido por essa teoria pode ser resumido em poucas palavras: deu um valor *absoluto* a uma ponto de vista que é de uma verdade relativa, isto é, limitada apenas a certos casos, perdendo de vista que esta verdade relativa não tem em si mesma sua razão de ser, e sim que é *derivada*, isto é, que o ponto de vista do poder físico não tem significação para a posse, senão porque este poder é exigido em determinados casos para sua utilização econômica. Tomando, pois, por base e relacionando a noção de posse com a existência de uma relação de acordo com este objetivo, entre a pessoa e a coisa, obtemos duas formas de relação possessória:

1) Sobre as coisas *que se podem guardar e defender — Relação de poder* (físico) *sobre a coisa.*

2) Sobre as coisas *livres e franqueadas — Não há* relação de poder.

Outro ponto pelo qual desejo mostrar, às pessoas leigas em assuntos de direitos, a exatidão e o valor de minha noção da posse é a possibilidade que oferece, e que somente ela pode oferecer a *terceiros* de reconhecerem se existe posse. Este ponto passou completamente despercebido à teoria romanista, e se não tem grande interesse em direito privado, tem uma grande importância em matéria penal.

Suponhamos dois objetos que se encontrem reunidos num mesmo local, alguns pássaros apanhados num laço, ou materiais de construção ao lado de uma residência em construção, e ao lado uma charuteira com charutos. O homem comum sabe que será responsável por um roubo se apanhar os pássaros ou os materiais, mas que o mesmo não acontece se apanhar os charutos. O homem honrado deixa onde estão os pássaros e os materiais, e põe no bolso a charuteira para procurar o seu dono, ou, caso não o encontre, entregá-la à polícia. Qual é o motivo desta diferença de atitudes? A propósito da charuteira qualquer pessoa dirá: *perdeu-se*; isto acontece contra a vontade do proprietário, que é posto em contato novamente com a coisa, mediante a devolução, dizendo-se que ela foi *achada*. Em relação aos pássaros e aos materiais, sabe-se que a sua situação resulta de uma decisão tomada pelo seu dono; estas coisas não podiam ser *achadas,* porque não estavam *perdidas*; apanhá-las seria *roubá-las*. O fato de fazê-lo constitui uma lesão à propriedade e, portanto, uma violação da lei penal. O ato de apanhar a charuteira com os charutos é juridicamente indiferente; a conduta posterior de quem o fez é que irá decidir se foi cometida uma violação da lei, e esta violação será, neste caso, uma retenção de objetos encontrados, porque a lesão à propriedade de outrem resulta somente da apropriação subseqüente da coisa.

Os leigos em Direito compreenderão facilmente que a diversidade de apreciação jurídica desses dois casos resulta da diferença da relação possessória, e esta deve ser bastante evidente para que não possa passar despercebida, mesmo ao homem comum, pois, de outro modo, a lei não a poderia tomar como fundamento de suas disposições. E, de fato, salta aos olhos; mas isso apenas porque a maioria das pessoas se deixam guiar neste assunto pela minha noção, aqui exposta, cuja exatidão e simplicidade recebem deste modo a mais flagrante demonstração.

Ao afirmar-se que a charuteira está *perdida*, diz-se: a relação normal do proprietário com a coisa está *perturbada;* existe uma situação *anormal*, e desejo fazer o possível para que ela cesse. Ao vermos os pássaros e os materiais, dizemos: estão na situação que o seu proprietário desejou, situação *normal*. Ora, isto significa que até mesmo o homem comum julga a questão da posse segundo o *destino econômico* da coisa, isso é, aplica, no seu raciocínio, a minha noção da posse. Os pássaros pegos nas armadilhas e as madeiras ao pé da obra estão colocados numa posição de acordo com o seu objetivo econômico; a charuteira não; estar jogada na terra, em pleno campo, não é a sua finalidade. Isto basta ao homem comum para lhe permitir proceder com perfeita correção, sem que para isto seja necessário que tenha a menor idéia da noção jurídica de posse. O jurista mostra, porém, que ele a aplicou efetivamente; no primeiro caso havia posse, no segundo não.

Faça-se agora a mesma experiência partindo da suposição do poder físico sobre a coisa. Ela deixa-nos sem critério possível; como reconhecer se há ou não poder físico? Se ele existe no caso dos pássaros e dos materiais, o mesmo deve-se afirmar para a charuteira, porque está em situação idêntica. Se não existe, então também não existe para as outras coisas. Suponhamos que um homem qualquer deseja guiar-se por esta noção em relação a essas coisas: que faria ele? O jurista ficaria perplexo também, pois ele tampouco saberá como proceder, a menos que comece por abandonar a sua noção de posse, e adote a nossa. Sua conduta real desmentirá sua fórmula teórica, segundo a qual a posse é uma relação de poder físico.

Darei outro exemplo para comparar as duas noções de posse.

Nos povos montanheses, a madeira para o fogo, que foi cortada nos bosques, lança-se ao rio, e mais abaixo, tiram-na da corrente que a conduzia. Não se pode falar neste caso de um poder físico do proprietário, e contudo a posse persiste. Por quê? Pela mesma razão daquele exemplo anterior; a condição da madeira que flutua é a mesma imposta por considerações econômicas, e neste caso também, qualquer pessoa sabe que não pode apanhá-la sem incorrer em culpa de roubo. O rio, entretanto, apanha e arrasta outros objetos: mesas, cadeiras, etc. E então, também aí, o homem comum sabe muito bem que pode tirar essas coisas da água, e salvá-las, sem que por isso seja culpável de ter roubado. O motivo da distinção é o mesmo que naqueles outros casos. Do *ponto de vista econômico*, a flutuação da madeira é um fato *normal,* e a das mesas e cadeiras, uma ocorrência *anormal.* No primeiro caso existe posse; no segundo, não.

Reconhece-se pois a posse exteriormente. Os terceiros podem saber se a relação possessória é normal ou anormal. Qualquer um pode apreciar, desse modo, o valor da noção que apresento e sustento sobre uma das questões mais importantes da teoria possessória. A teoria reinante não nos presta auxílio algum; limita-se a dizer se o possuidor continua possuindo, mas não nos diz como os terceiros podem e devem reconhecer se ele possui ou não.

Tratei até aqui da perturbação da relação normal da pessoa com a coisa, e acho necessário fazer ainda uma advertência. De acordo com o Direito Romano, a perturbação normal não faz perder a posse imediatamente, mas tão somente quando o possuidor abandonou ou não está em situação de restabelecer a relação perturbada com a coisa. Se o consegue, reputa-se a posse como não perdida. Citarei, como ilustração, o caso de uma coisa que se perdeu, o de uma coisa que foi deixada em casa de outrem, e o do rebanho que se extraviou. Se não se fazem as diligências necessárias para recuperar a posse, o Direito Romano declara-a extinta, resultando, portanto, um *abandono* da posse, pois não foi demonstrado o verdadeiro interesse que caracteriza o possuidor (perda *voluntária* da posse). Se suas providências não alcançam bom êxito, sua posse perde-se (perda da posse *contra* sua vontade). Ocorre exatamente o mesmo com a espoliação das coisas imóveis; se o possuidor restabelece imediatamente a antiga relação, reputa-se a posse como não perdida; em caso contrário, ela se perde, salvo a hipótese de para isto ter sido empregada a violência, segundo o Direito Romano.

Existe uma fase particular na existência da relação possessória à qual a teoria dominante não dá a merecida importância, porque os juristas romanos não a salientam *in terminis*, mas que se acha perfeitamente indicada *de fato* no Direito Romano: é o caso da posse estar *perturbada* ou *ameaçada*. O interesse jurídico que tal situação apresenta consiste em que, nesta hipótese, se dá ao possuidor a possibilidade de defender o seu direito; é uma *situação crítica* na existência da posse, cuja continuação é, entretanto, incerta, e depende dos acontecimentos posteriores. Em relação às coisas móveis, basta esta situação para legitimar a intervenção de terceiros; isto ocorre no salvamento das coisas perdidas, mesmo quando a posse não estava perdida; no sentido jurídico, o proprietário não havia feito qualquer tentativa para resgatá-la. Esta situação crítica, isto é, a perturbação da relação possessória basta, dentro do meu conceito, para os terceiros, porque, prestando o seu auxílio para restabelecê-la, nada mais fazem do que se colocarem na situação do proprietário ausente; fazem por ele o mesmo que ele mesmo faria, e não há então lesão a uma relação possessória existente.

X

A POSSE DOS DIREITOS

O motivo que levou o Direito Romano a colocar à disposição do proprietário, nos interditos possessórios, uma forma de proteção mais fácil, foi o mesmo que presidiu à introdução dos *interditos quase possessórios*. Eles haviam sido criados para as *servidões* (servidão pessoal; *usus fructus, e usus,* certas servidões rurais de águas e passagem) e para a superfície. Aquele que prevalecia de semelhante direito em relação a um terceiro tinha, em caso de contestação, tal como nos feitos relativos à propriedade, que fazer a prova de seu direito, o que exigia, em ambos os casos, não somente a prova do ato da posse, como da propriedade do autor. O pretor dispensava-o desta prova, quando antes havia exercido ele seu direito sem oposição, sendo perturbado mais tarde no seu gozo. A seu pedido, com efeito, concedia-lhe um interdito que proibia a parte contrária continuar perturbando-o. O querelado não podia alegar que o querelante nenhum direito possuía, tal como nos interditos possessórios propriamente ditos; a única alegação que podia fazer era, também como neles, que a posse estava viciada, isto é, que o querelado exercera clandestinamente o direito, sem que ele o soubesse (*clam*), contra sua vontade expressa (*vi*), ou ainda com a sua autorização dada sob a reserva de revogação (*precario*). Ambas as partes litigantes ficavam habilitadas, quando perdiam o feito nessa instância, para disputar o seu direito; a decisão no possessório não prejudicava o petitório; o caráter da ação possessória comparada com a ação petitória era severamente observado, tanto em relação à restrição do litígio à questão da posse, como quanto à falta de influência de sua decisão relativamente à questão de direito.

A proteção do direito é concedida aqui também a um *puro estado de fato*. Mas nem todo estado de fato tem direito a esta proteção. Durante anos, as minhas galinhas puderam alimentar-se no jardim do meu vizinho, ou os meus criados lançar restos e lixo em seu terreno; isto, porém, não me dá o direito à proteção possessória, ou seja, a continuar a fazê-lo provisoriamente até a decisão final da justiça; ao contrário, se não atender à proibição do vizinho, a ele é que cabe a ação possessória para fazer valer os seus direitos. A coisa muda, entretanto, de aspecto quando, sem oposição de sua parte, usei um caminho passando em suas terras, ou servi-me de suas aguadas para dessedentar os meus cavalos. E qual a causa desta diferença? Ela reside na relação da posse com o direito. O que se protege na posse não é o estado de fato como tal, mas um estado de fato que pode ter como fundamento um direito, e que, por conseqüência, pode ser considerado como o *exercício ou a exteriorização de um direito*. Assim, os juristas romanos designam com muita exatidão este estado de coisas como *juris possessio*. Em rigor dever-se-ia colocar na mesma situação a posse do proprietário, porque contém implicitamente o exercício, a exteriorização de um direito: o de propriedade. Mas os juristas romanos designam-na com a expressão *posse*, pura e simplesmente, ou quando a querem distinguir da *juris* ou *quasi possessio*, com a denominação *corporis possessio*, o mesmo ocorrendo com as expressões modernas: *posse real e posse jurídica.*

Assim como deve existir propriedade para que se possa admitir a posse das coisas, também é preciso que exista um direito para que se possa admitir o *possessio juris*. Onde não é admissível um *jus* no sentido da teoria romana, *in thesi*, o estado de fato não é protegido senão quando a propriedade é juridicamente impossível quanto à pessoa ou à coisa.

Nossa regra geral já enunciada – *onde não há propriedade não pode haver posse* – corresponde à regra: *onde não existe o direito não pode existir a posse de direito*, ou seja, em linguagem processual: *onde não há petitório não pode haver possessório.* Por este motivo é que, nos dois primeiros casos citados antes, é negada a proteção possessória. Com efeito, estes atos não podem, segundo a teoria romana das servidões, ser objeto de uma servidão. Nos outros dois, nos quais se pode perceber o objeto da servidão, a proteção é concedida, mas somente àquele em cuja pessoa tais atos podem ser considerados como direitos, isto é, ao proprietário das terras e não aos seus empregados ou ao postalista que durante anos percorreu aquele caminho. Se a execução material dos atos fosse bastante, deveria conceder-se-lhes, a eles, igualmente, enquanto seria negada ao proprietário se este, como conseqüência de uma paralisia, não tivesse podido passar por aquela estrada. Empregados e postalistas, entretanto, não teriam feito mais que *passar; não haviam exercido* um direito; em troca, ele exercera esse direito, embora *percorresse* o caminho, porque eles o tinham feito em seu lugar.

Pode-se, pois, considerar que a *quase posse* implica *pretensão de um direito*. Que o direito exista, é indiferente, do mesmo modo que a proteção possessória do proprietário; basta para a proteção possessória a possibilidade do direito e a exteriorização do seu exercício. Se na posse dos direitos, tal como na posse das coisas, a proteção possessória assiste mesmo àquele que não tem direito, isto é apenas uma conseqüência inevitável; não teria sido possível concedê-la ao portador de direito, sem que dela participasse o que não o tem; a rigor, ela foi instituida em favor do primeiro; o outro é apenas um parasita que o Direito não pode eliminar. A compreensão de toda a teoria possessória decorre do seguinte princípio: *a proteção possessória foi introduzida em favor daquele que tem direito; no possuidor trata-se de proteger aquele que tem direito.*

A posse dos direitos é de uma grande importância para a teoria possessória. Uma verdade que nem sempre foi percebida com clareza, como conseqüência da evidente posse das coisas – que a posse não é o poder físico sobre as coisas, mas o exercício, a exteriorização do direito – manifesta-se aqui com uma clareza tal que é impossível desconhecê-la. Os atos de exercícios isolados, que o portador de direito de servidão pratica na propriedade alheia, de nenhum modo podem ser encarados como uma relação de poder. Os próprios partidários da teoria do poder físico nunca o intentaram. A mera circunstância de ser a servidão sobre o imóvel reconhecida pelo seu proprietário, o impede logo de início; o poder não lhe é conferido antecipadamente; não pode dispor dele, e o possuidor do direito deve contentar-se com menos que isto. Não se percebeu que este "menos" pode ser equivalente ao "todo". Quando uma pessoa concede a outra uma servidão de pasto em seus terrenos, os atos que uma e outra praticam são exatamente os mesmos: ambos põem o seu gado a pastar, e ninguém pode distinguir, sem que o saiba de antemão, qual é o proprietário e qual age em virtude do direito de servidão; e entretanto, a mesma relação constituiu para um o poder físico sobre a coisa, e para o outro o exercício de um direito sobre uma coisa alheia. A arbitrariedade que se comete com a hipótese do ponto de vista do poder físico percebe-se então claramente.

Uma noção genérica deve ser enunciada de maneira tal que seja exata para toda a espécie compreendida no gênero; a noção de posse deve compreender a posse de coisas e de direitos. A ciência romanista não realizou esta condição; é em vão que nela se procura uma noção genérica que englobe as duas espécies de posse. Limita-se a justapô-las; a posse de coisas é poder físico, e a de direitos é o exercício de um direito. Descobre sem dúvida a noção genérica, quando acomoda a transição da posse das coisas e dos direitos, dizendo que, assim como a posse das coisas importa no exercício da propriedade, a posse de direitos importa no exercício de um direito. Mas, este ponto de vista serve-lhe apenas como uma espécie de ponte para passar de uma espécie para outra, quando, precisamente, se deveria reconhecer aí que o exercício do direito contém a idéia fundamental de toda a teoria possessória, isto é, a idéia genérica de posse. Sob este aspecto, a posse de direitos é do mais alto valor científico; em sua presença não resta outro recurso senão transportar a noção de *exercício,* ou, em minha maneira de expressar-me, de *exteriorização do direito,* que se não pode discutir, para a posse das coisas, ou então colocá-las uma ao lado da outra, como duas formações separadas, que entre si, de comum, apenas possuem o nome de posse, sem que contudo as ligue nenhum outro característico intrínseco comum; ou, em outras palavras, renunciar a estabelecer uma noção genérica. Se o ponto de vista do poder fosse inteiramente exato para posse das coisas, o que não é verdade, como já o vimos, seria necessário prescindir dele e substituí-lo por outro, uma vez que não serve para explicar a posse de direitos. Somente uma concepção tem este mérito, e é a da exteriorização do direito, a que me referi; a posse das coisas é a exteriorização da propriedade; a posse de direitos é a exteriorização do direito sobre as coisas alheias.

A esta vantagem de reunir as duas espécies de posse sob uma noção genérica comum unem-se outras mais, que a noção do poder físico não apresenta:

Primeira: o ponto de vista da exteriorização do direito cria um laço íntimo entre o fato e o direito; não se colocam eles em posição contrária, como ocorre na concepção do poder físico, como elemento estranho e sem relação, apresentando-se antes como um elemento proporcionado pela própria noção de direito; a realidade, o gozo, o exercício do direito e a proteção que a lei concede a este estado de coisas encontram sua justificação na circunstância de que, na maioria dos casos, coincidem com o direito.

Segunda: se o estado de puro fato fosse protegido como tal, deveria sê-lo também nos casos em que não pudesse ser considerado como o exercício de um direito. Vimos já que o Direito Romano, neste caso, não admite a proteção possessória; e isto somente pode ser explicado à luz da noção da exteriorização do direito.

Em resumo: o Direito Romano protege na posse a exteriorização do direito, criou esta proteção em favor daquele que tem direito, mas para torná-la prática teve de permitir que dela também participassem aqueles que não tinham direito, favor que apenas tinha um efeito transitório, e que o portador de direito pode suportar facilmente, pois dispõe, na ação originada no direito, do meio de, a qualquer tempo, pôr termo à posse sem direito. Para aquele que não tem direito, a proteção possessória é provisória; para o outro, contra o qual ninguém pode agir com fundamento no direito para despojá-lo da posse, esta proteção é definitiva. A teoria possessória dominante desconheceu este fim legislativo da proteção possessória, e em sua construção da teoria da posse toma como ponto de partida não aquele que tem direito, mas aquele que não tem. Colocou-se por isto em um terreno no qual é impossível harmonizar-se com o aspecto da posse no Direito Romano.

XI
TRANSFORMAÇÃO DA POSSE NO DESENVOLVIMENTO DO DIREITO MODERNO

Esta transformação afeta ambos os gêneros de posse: de coisas e de direitos.

A) A POSSE DAS COISAS

A idéia romana da falta de proteção do detentor, no caso de ser a coisa entregue em seu próprio interesse (detenção interessada), estava em flagrante contradição com o sentimento jurídico dos povos modernos, e no que diz respeito ao colono, até mesmo com o direito existente; daí a preocupação da doutrina em procurar uma solução para este conflito. Encontro-a no desenvolvimento consuetudinário insensível de dois processos de direitos: o *summarissimum* e a *actio spolii*. Seu caráter comum era a concessão até mesmo ao mero detentor. O primeiro implicava em haver uma turbação ou ameaça à posse da coisa imóvel (até de um aposento de uma casa) e tendia para a manutenção do estado de coisas existente. O segundo pressupunha uma espoliação injusta de qualquer coisa, móvel ou imóvel, e tendia para a condenação do querelado, obrigando-o a restituí-la. O resto não tem interesse para os leigos em matéria jurídica. Basta que se chame sua atenção para a ruptura completa com a teoria romana, que eles implicam. Não admira, pois, que o romanismo ortodoxo tenha prescindido aqui de todos os seus anátemas. Na realidade, a sua conduta merece plena aprovação do ponto de vista prático.

Tal orientação foi seguida por várias legislações novas, entre as quais convém citar em primeira linha o *Landrecht* prussiano, que apreciando com exatidão a importância do elemento *interesse* em questão de posse, reconhecia esta em todo indivíduo que, em uma relação possessória derivada, obtinha uma coisa em seu próprio interesse (relação possessória interessada), e, em particular, ao colono e ao inquilino, conservando a noção de detenção apenas para aquele a quem a coisa foi entregue, tendo em vista apenas o interesse do *dominus possessionis* (relação possessória por procuração)! O projeto do Código Civil alemão avançou mais um passo, concedendo a ação possessória a todo e qualquer detentor, o que, ao meu ver, não é acertado. Outro tanto pode-se dizer da inovação, tão fora de propósito do ponto de vista da linguagem, como errônea de fato, pela qual se admite, de acordo com a insustentável teoria romanista sobre o *animus domini*, a distinção teórica entre *posse (Besitz)* e *detenção (Inhabung)*.

B) A POSSE DE DIREITOS

Esta posse alcançou, com o desenvolvimento do direito moderno, uma amplitude extraordinária. O Direito canônico e a jurisprudência dos tribunais eclesiásticos precederam-na, aplicando a posse a todos os direitos regalistas, dignidades, funções, benefícios e dízimos da Igreja, seguidos de perto pela legislação e jurisprudência dos tribunais seculares, a tal ponto que não há uma relação de direito público ou privado que não tenha sido relacionada com a idéia de posse, desde que fosse possível ser aplicada de qualquer maneira. A idéia diretriz era a seguinte: todo indivíduo que se encontra no gozo pacífico de um direito qualquer, ao qual corresponda um *exercício prolongado*, e de qualquer direito que seja, monopólio, privilégio, direito patrimonial ou de família, etc., consistindo num estado de fato, em atos dos que possuem o direito, ou em prestações do obrigado, tais como pagamento de rendas, prestações, corvéias, etc., deve ser provisoriamente protegido neste gozo, quando ele lhe seja disputado, até que a existência do direito se justifique judicialmente. Foi correspondendo a esta idéia que, mesmo em caso de contestação da validez do matrimônio ou da legitimidade de um filho, se concedia uma ação para proteger a quase posse da qualidade de esposo ou de filho; e mais ainda: seguindo esta orientação, o direito aos títulos de nobreza, e mesmo ao título de doutor, chegou a ser objeto de quase posse. No caso em que a autoridade administrativa proibia que se continuasse a ostentar esses títulos, o interessado tinha o direito de recorrer à justiça, e o juiz protegia em sua quase posse até a decisão judiciária definitiva. O próprio funcionário estava protegido contra o governo na questão da retenção de salários, pensões, proibição de receber emolumentos, até que se houvesse decidido de que lado estava o direito; e na época germânica, as administrações territoriais em litígio acerca do exercício de seus direitos fiscais respectivos buscavam a proteção de sua quase posse perante os tribunais do Império. As ações por dívidas pessoais, nas quais a suspensão do pagamento de juros poderia fazer com que se invocasse a proteção da quase posse, foram as únicas às quais ela nunca se aplicou.

A determinação exata da amplitude que a idéia de quase posse pode reclamar em nosso Direito, e em nosso processo, tão completamente modificados em todos os sentidos, é um problema a resolver. Não posso admitir que algum direito do futuro chegue a abandoná-la inteiramente; é demasiado boa para que isto aconteça; a legislação somente procuraria traçar os seus limites exatos. Pouco importa que, nisto, se queira ou não usar a expressão *posse jurídica;* o jurista saberá o que deve decidir, e que termos empregar quando a lei protege transitoriamente um estado de fato, cuja legitimidade, no momento, não está provada. Na realidade haverá sempre posse *de coisas e de direitos* e o nome não vem ao caso.

XII
A Literatura

A literatura sobre a posse é riquíssima e aumenta dia a dia: não se passa um ano sem que se publiquem dissertações e livros a este respeito. Para os leigos em assuntos de Direito, a citação destas obras, mesmo as mais importantes, nenhum interesse apresenta. Limitar-me-ei pois a assinalar duas obras, cada uma das quais marcou época, à sua maneira. A primeira é a de Savigny, *O Direito de Posse*, cuja primeira edição foi publicada em 1803 e a segunda em 1865, esta última, lançada depois da morte de seu autor, por Ruddorff. Este livro rasgou novos horizontes, influindo, não só sobre a teoria da posse, como no desenvolvimento de toda a ciência romanista, fato tanto mais digno de nota, quanto era o primeiro trabalho de um jovem de vinte e quatro anos. Eu, entretanto, não posso atribuir-lhe importância maior que a passagem de um brilhante meteoro. Do ponto de vista da história do assunto, terá sempre o mérito de haver excitado e favorecido, poderosamente, a investigação científica no terreno da teoria possessória. Quanto aos seus resultados reais para a ciência, considero-os muito medíocres;

ao meu ver, Savigny não fez justiça nem ao Direito Romano nem à importância prática da posse, porque, por um lado, as idéias preconcebidas que tinha impediam-no de ter a necessária imparcialidade para reconhecer exatamente o Direito Romano, e por outro porque, quando empreendeu o seu trabalho, estava desprovido de toda e qualquer noção relativa à prática, defeito que devia ser duplamente pernicioso, sobretudo na teoria da posse, a qual não pode ser compreendida se não se leva em conta o seu lado prático. A obra de Savigny chegou a ser ponto de discórdia da jurisprudência no nosso século, desencadeando um conflito sem precedentes. Nem uma das idéias fundamentais que nela são expostas ficou a salvo de críticas, as quais foram tão acertadas que algumas se tornaram verdadeiramente insustentáveis. O futuro dirá se as outras terão mais sorte; na minha opinião nem uma só triunfará.

A segunda obra é de Burns: *O Direito de Posse na Idade Média, e em nossos Tempos,* 1848. No meu parecer, é a obra científica de mais valor acerca da posse que se escreveu em nossa época; é um verdadeiro modelo, porque resolveu a questão que foi o seu objetivo: o desenvolvimento histórico da posse no mundo moderno, tratando-o de tal maneira que nada mais resta a dizer a este respeito. O problema está resolvido em definitivo. A obra de Burns conservará o seu valor para a ciência quando a de Savigny tiver apenas um interesse de curiosidade histórica.

Impressão e
Acabamento:

viena
gráfica & editora

T: (14) 3332.1155

empresa solidária

PRESERVE A
NATUREZA

IMPRESSO EM
PAPEL RECICLÁVEL

Editora Associada à:

CBL
Câmara Brasileira do Livro

ABIGRAF

ABTG
ASSOCIAÇÃO BRASILEIRA DE TECNOLOGIA GRÁFICA
CERTIFICAÇÃO ISO 9001

FIESP
CIESP